MINISTÈRE DE LA MAISON DE L'EMPEREUR

ET DES BEAUX-ARTS

Direction générale des Théâtres.

RAPPORT

A

S. EX. LE MARÉCHAL DE FRANCE

Ministre de la Maison de l'Empereur
et des Beaux-Arts

Extrait du JOURNAL OFFICIEL du 26 avril 1869.

PARIS

TYPOGRAPHIE A. WITTERSHEIM ET Cⁱᵉ

31, QUAI VOLTAIRE, 31

—

1869

MINISTÈRE

DE LA MAISON DE L'EMPEREUR

ET DES BEAUX-ARTS

RAPPORT

A

S. EX. LE MARÉCHAL DE FRANCE

**Ministre de la Maison de l'Empereur
et des Beaux-Arts**

Extrait du JOURNAL OFFICIEL du 26 avril 1869.

PARIS

TYPOGRAPHIE A. WITTERSHEIM ET Cie

31, QUAI VOLTAIRE, 31

1869

RAPPORT

A

S. EX. LE MARÉCHAL DE FRANCE

Ministre de la Maison de l'Empereur
et des Beaux-Arts.

MONSIEUR LE MINISTRE,

La commission que Votre Excellence a instituée par un arrêté ministériel en date du 26 décembre dernier (1) avait reçu pour programme « d'examiner si la composition actuelle du comité de lecture du Théâtre-Français présente aux auteurs dramatiques des garanties suffisantes et de recher-

---

(1) Cette commission était composée de MM. Camille Doucet, directeur général de l'administration des théâtres, président, et de Saint-Georges, président de la commission des auteurs et compositeurs dramatiques, vice-président ; MM. Emile Augier et

cher si des systèmes meilleurs pourraient être
adoptés pour l'examen préalable et le jugement
définitif des pièces destinées à ce théâtre. »

Désireux de répondre le mieux possible à l'appel de Votre Excellence et de servir en même
temps les intérêts de la littérature et ceux de la
Comédie-Française, nous avons examiné la question sous toutes ses faces avec le plus grand soin
et, après avoir consacré de nombreuses séances à
rechercher ce que le régime actuel pouvait avoir de
défectueux, afin d'y remédier dans l'avenir, après
avoir comparé les divers systèmes qui ont été appliqués tour à tour pour la réception des pièces au
Théâtre-Français et dans les autres théâtres, nous
venons, monsieur le ministre, vous rendre compte
de notre travail et vous en soumettre les résultats.

Plusieurs fois déjà, et à diverses époques, de
louables efforts ont été faits, comme aujourd'hui,

E. Legouvé, membres de l'Académie française ; M.
Alexandre Dumas fils, M. Nestor Roqueplan, M.
Edouard Thierry, administrateur général du Théâtre-
Français ; M. Régnier, doyen des sociétaires ; M. Lemoine Montigny et M. G. de Saint-Valry, secrétaire
rapporteur.

pour assurer aux écrivains la garantie d'un examen sérieux et d'un jugement éclairé. La composition actuelle du comité de lecture est le produit
et la conséquence de ces nombreuses tentatives
et, sans renoncer à tâcher de l'améliorer encore,
on ne peut méconnaître que la prospérité dont le
Théâtre-Français jouit à tous égards depuis vingt
ans, semblerait avoir donné suffisamment raison à
cet état de choses.

Ce n'est pas nous qui pourrions dire ici, comme
le disait, en 1847, le rapporteur d'une commission (1) chargée alors non pas seulement d'examiner
la question spéciale du comité de lecture,
mais d'élaborer un projet de réorganisation générale : « La Comédie-Française traverse en ce
moment une de ces crises qui, depuis son origine, se sont souvent renouvelées. Ses recettes ont
baissé et ne couvrent pas ses dépenses ; le public
lui témoigne de la froideur; les auteurs renommés
semblent la délaisser. »

____

(1) Cette commission était composée de M. le baron
de Barante, président; MM. de Lamartine, Victor
Hugo, Scribe, Vitet, Liadières, de Morny, Félix Réal,
Vatout, Vivien, rapporteur; Cavé, Buloz et Louis
Perrot, secrétaire.

En ce moment, au contraire, le Théâtre-Français voit presque tous les auteurs renommés tra-
vailler pour lui ; il est en pleine possession de la
faveur du public ; jamais ses recettes ne se sont
élevées plus haut, jamais enfin il n'a eu moins
à prévoir et à redouter une de ces crises qui s'é-
taient souvent renouvelées depuis son origine.

Ce que, de tout temps, on a pu dire, c'est qu'en
pareille matière, quoi qu'on fasse, le but ne sera
jamais atteint et que jamais aucune organisation
ne saurait parvenir à satisfaire tout le monde. Le
comité qui fonctionnait en 1847 avait été exposé
aux attaques les plus vives ; on lui reprochait tout
ensemble et sa sévérité et son indulgence ; on
l'accusait de repousser le talent et d'accueillir la
médiocrité ; on refusait même à ceux qui le com-
posaient le discernement nécessaire à ces fonc-
tions.

« Il ne faut pas accueillir trop légèrement des
plaintes souvent propagées par des amours-propres
blessés, » répondait à ces attaques la commission de
1847, et d'avance elle a répondu ainsi pour nous à
des récriminations analogues qui, sous tous les
régimes, n'ont cessé de se reproduire.

« Etait-il bien certain d'ailleurs, ajoutait-elle,
que le comité des comédiens méritât les accusations

qui l'ont atteint, et fallait-il y céder, si elles n'é-
taient pas fondées ? On ne cite pas un ouvrage d'un
mérite incontesté qu'il ait refusé d'admettre (1).
Les comédiens ont leurs défauts, sans doute,
mais ils apportent dans un comité de lecture
des qualités précieuses. Ils ont l'habitude de la
scène, une profonde connaissance du répertoire,
le sentiment des instincts du public ; ils doi-
vent, avant tout, comme sociétaires, rechercher
les ouvrages qui peuvent faire prospérer leur entreprise et, comme comédiens, écarter ceux qui,
sans chances de succès, les condamneraient à

---

(1) Les documents dont la commission s'est entou-
rée prouvent qu'il en est de même de nos jours. Le
registre du comité de lecture du Théâtre-Français
constate, à la date du 2 novembre 1852, la réception
de l'*Honneur et l'Argent*, présenté alors sous le nom
de la *Comédie bourgeoise*. Si la pièce de F. Ponsard
fut portée à l'Odéon, c'est que l'ouvrage n'aurait pu
être représenté qu'après *Lady Tartuffe* et que l'auteur ne voulait pas attendre. La commission a également acquis la preuve que ni *Lucrèce*, ni la *Ciguë*, ni
le *Gendre de M. Poirier* n'ont été refusés au Théâtre-
Français, n'y ayant pas été lus à l'origine ; ainsi sont
tombés tour à tour ces griefs si souvent et si légèrement reproduits contre le comité.

d'inutiles études; leur intérêt est une garantie qu'on ne trouverait pas ailleurs. »

Ne pouvant songer à exprimer en meilleur langage des sentiments qui sont les nôtres, nous aimons, monsieur le ministre, à reproduire une argumentation qui prévalut alors et qui mérite encore de prévaloir aujourd'hui.

A coup sûr, l'intérêt des sociétaires est une garantie qu'on ne trouverait pas ailleurs ; mais il ne s'agit pas seulement pour eux de pourvoir à leur intérêt; dans l'espèce, ils auraient à réclamer une part d'intervention légitime et des droits réels à exercer.

De même, en effet, que dans les théâtres livrés à l'industrie privée, c'est le directeur-entrepreneur qui reçoit, tout seul et à son gré, les pièces dont la représentation lui paraît devoir attirer le public et contribuer, par conséquent, au succès de son exploitation, ainsi, depuis l'ordonnance royale du 22 octobre 1680, qui a institué la Comédie-Française et en vertu des divers contrats qui ont successivement consacré leur association commerciale, les sociétaires, longtemps responsables, en fait comme en droit, des résultats de l'entreprise, et qui en représentent la propriété, ont toujours eu, à ce titre, qualité pour prendre part à la réception des ouvrages destinés à leur théâtre. « *Pour accepter une pièce nouvelle*, disaient les premiers règlements, *on en fera la lecture, la compagnie y étant appelée.* » La plus grande part d'action dans cette tâche importante de juger les pièces n'a donc jamais été contestée aux sociétaires et n'a jamais cessé de leur appartenir. Elle leur appartiendrait même tout entière et exclusivement, comme aux autres entrepreneurs, si la Comédie-Française n'était en réalité une institution littéraire et artistique plutôt qu'une entreprise industrielle et commerciale, ayant reçu et accepté la mission supérieure de maintenir les anciennes traditions, de garder en dépôt les grandes œuvres des maîtres et d'en accroître encore autant que possible le glorieux patrimoine. C'est pour cela que, sous toutes les formes, l'État lui prodigue ses encouragements; c'est pour cela aussi que le Gouvernement a le droit de surveiller l'administration de ce théâtre et de prendre, quand les circonstances l'exigent, les mesures nécessaires pour concilier l'intérêt public avec l'intérêt privé, l'intérêt moral des lettres avec l'intérêt matériel de l'exploitation.

Déjà, dans l'état actuel, l'administration supérieure est représentée au comité de lecture du Théâtre-Français par l'administrateur général qui, à son influence légitime, joint encore, au besoin, l'autorité de sa voix prépondérante.

La commission a examiné si, pour contrebalancer l'influence des sociétaires, il serait avantageux d'adjoindre à ce commissaire du Gouvernement un certain nombre de personnes éclairées, choisies parmi les gens de lettres, les auteurs dramatiques ou les écrivains qui se consacrent particulièrement à des travaux de critique théâtrale. En principe, cette combinaison nous eût paru séduisante et, pour trouver ainsi des juges compétents, l'administration n'eût plus eu sans doute que l'embarras du choix; malheureusement la pratique était en désaccord avec la théorie; trois fois en moins de trente ans, ce système mixte avait été essayé dans des conditions diverses, en 1826, en 1851 et en 1852 et trois fois l'expérience s'était assez prononcée contre lui pour que la commission, éclairée d'avance sur les résultats presque certains d'une nouvelle tentative, n'en fût même plus à se demander si les écrivains qui seraient désignés accepteraient cette mission et si ceux qui l'auraient acceptée persisteraient longtemps à en remplir la tâche ingrate.

En 1826, l'école classique siégeait au comité dans la personne d'Andrieux, de Raynouard, d'Auger, d'Alexandre Duval, de Picard et de Parceval-Grandmaison. Si lettrés et si compétents qu'ils fussent, ces messieurs furent sans cesse en butte aux récriminations les plus ardentes, et bientôt il fallut rétablir un comité de lecture uniquement composé de comédiens.

En 1851, les querelles littéraires étant assoupies, le moment semblait favorable pour tenter une seconde épreuve; elle ne réussit pas mieux que la première. Les six écrivains qui avaient consenti à faire partie du comité étaient également capables et bienveillants ; malgré cela, des plaintes ne tardèrent pas à s'élever contre eux comme par le passé. Comprenant alors que leur présence au comité ne produisait pas les bons résultats qu'on en avait attendus, ils se retirèrent successivement et d'eux-mêmes, si bien que, en 1852, une nouvelle décision ministérielle dut réduire leur nombre de six à deux; dernière épreuve qui ne dura encore qu'un an et, après laquelle, on revint à l'examen des pièces par les seuls sociétaires, y compris les sociétaires-femmes, qui bientôt, à leur tour, après avoir figuré dans les différents comités de lecture en nombre de plus en plus restreint, cessèrent complétement d'y être appelées depuis le mois de juillet 1853.

Amené ainsi à être exclusivement composé de
sociétaires-hommes, le comité actuel vient de
fonctionner pendant quinze années consécutives et
sans doute il n'a pu toujours réussir à contenter
tous les intérêts et encore moins tous les amours-
propres ; cependant, tandis qu'une répulsion véri-
table se manifestait dans le sein de la commission
contre le retour au jugement d'un comité mixte,
des auteurs dramatiques très-expérimentés ont été
d'avis qu'un jury formé uniquement de personnes
intéressées dans l'entreprise était le meilleur de
tous et celui qui pouvait le moins alarmer les sus-
ceptibilités des écrivains; la lecture d'une pièce
n'étant, en réalité, que le préliminaire indispen-
sable d'un contrat à intervenir entre l'auteur et
l'entrepreneur quel qu'il soit, on en concluait que
les parties contractantes devaient seules y prendre
part. D'un autre côté, en appliquant ce principe
au Théâtre-Français, on se demandait dans quelle
proportion il était juste et convenable qu'intervînt
la société, l'une des parties contractantes.

Plus le nombre des sociétaires est considérable
dans le comité de lecture, plus la responsabilité de
chacun d'eux diminue vis-à-vis de l'auteur et vis-
à-vis du théâtre, qui, l'un et l'autre, au contraire,
ont intérêt à ce que cette responsabilité personnelle

s'augmente le plus possible : la sincérité des votes devant être ainsi d'autant mieux au-dessus de toutes les influences et de toutes les faiblesses.

Pour atteindre ce but, la commission a pensé qu'il suffirait de restreindre le nombre des juges ; mais alors un choix resterait à faire entre les sociétaires, et cette tâche semblait délicate et difficile. Fallait-il, à chaque lecture, charger le sort de désigner un comité nouveau ? Valait-il mieux s'en rapporter d'une façon permanente à l'ancienneté des services ? Si chacun de ces systèmes offrait quelques avantages, nous avons reconnu qu'ils avaient encore plus d'inconvénients, et, tout bien examiné, monsieur le ministre, il nous a paru qu'en fin de compte, puisqu'il existe au Théâtre-Français un comité d'administration qui représente la Société, qui veille à ses intérêts, qui administre en son nom, et qui, uniquement composé de sociétaires, est reconstitué tous les ans pour chaque exercice, ce qui permet de le modifier au besoin pour le placer toujours dans les meilleures conditions, c'est à ce comité que revenait naturellement, et presque de droit, la mission de juger les pièces, du moment où, la généralité des sociétaires cessant d'en être chargée, il y avait lieu de lui substituer un comité de lecture restreint.

Le comité d'administration est composé de six membres titulaires et de deux suppléants.

Pour ne pas retomber dans l'inconvénient des jurys trop nombreux, notre avis serait que les six membres titulaires fussent seuls chargés de juger les pièces sous la présidence de l'administrateur général, et que la présence de cinq membres (y compris l'administrateur général), suffit pour qu'une décision fut régulièrement prise.

Les considérations que nous avons eu l'honneur d'exposer plus haut à Votre Excellence, nous font penser qu'un comité ainsi constitué satisferait la grande majorité des auteurs. Pour les satisfaire tous autant que possible, il conviendrait peut-être de laisser à chacun d'eux la liberté de choisir entre le comité restreint que nous proposons d'établir aujourd'hui et le comité général qui vient d'exister pendant quinze ans. Attaqué par quelques-uns, il avait l'approbation de beaucoup d'autres et le nombre de ses partisans s'augmenterait sans doute d'autant plus, du jour où ce système serait complétement abandonné.

Nous verrions donc avec plaisir que, dans le

cas où un auteur le demanderait formellement, sa pièce pût être lue au comité dans une séance spéciale à laquelle tous les sociétaires-hommes seraient appelés à assister, avec voix délibérative.

Cette dernière mesure nous semblerait devoir être obligatoirement appliquée pour le jugement définitif des pièces renvoyées à une nouvelle lecture et qu'on qualifie improprement de pièces reçues à correction. S'il est bon que les premiers juges assistent à la seconde épreuve pour tenir compte des changements faits par l'auteur, il importe aussi que des auditeurs moins prévenus contribuent à décider si, dans son état nouveau et en dehors de toute comparaison avec ce qu'elle était lors de la première lecture, la pièce mérite réellement d'être admise à la représentation.

La présence de sept membres au moins nous semblerait, dans ce cas, nécessaire pour que la seconde lecture pût s'effectuer régulièrement et pour qu'il fût définitivement statué à l'égard de la pièce en question.

Ces diverses combinaisons étant soumises à l'approbation de Votre Excellence, la commisssion propose, en outre, pour chacun des comités, que le vote secret et trop souvent silencieux, qui se pratique aujourd'hui, soit remplacé par un vote nominal qui serait précédé d'un tour d'opinions préalables dans lequel chacun des membres présents pourrait exprimer son sentiment et le développer autant qu'il le jugerait convenable.

Le résultat des votes ainsi formulés serait relaté au procès-verbal de chacune des séances, en regard du nom des votants.

La commission s'est préoccupée encore, et tout particulièrement, de donner aux écrivains qui débutent un surcroît de garanties, en modifiant le système adopté jusqu'à présent pour l'examen préalable de leurs œuvres. Aujourd'hui, lorsqu'une pièce a été déposée et enregistrée au secrétariat du Théâtre-Français, le manuscrit est remis à l'un des trois examinateurs du théâtre qui le lit et en fait son rapport à l'administrateur général. Suivant les conclusions de ce rapport, la lecture au comité est accordée ou refusée. On ne peut mettre en doute ni les lumières, ni l'impartialité des examinateurs; en cas d'hésitation d'ailleurs de la part du premier lecteur, le manuscrit est soumis à un second et souvent à un troisième examen. Malgré ces précautions cependant, on est obligé de reconnaître que l'admission à la lecture dépend de cette autorité unique.

La commission proposerait qu'à l'avenir les rapports des examinateurs fussent lus au comité de lecture lui-même, formé, comme il est dit plus haut, de l'administrateur général et des six membres titulaires du comité d'administration, et à qui il appartiendrait d'accepter ou de rejeter les conclusions des rapporteurs.

Ainsi, désormais, grâce à cette manière de procéder, toutes les pièces présentées au Théâtre-Français seraient jugées avec une égalité parfaite, puisque la décision prise à leur égard, quelle que fût leur provenance et le plus ou moins de notoriété de leurs auteurs, émanerait d'une seule et même autorité, celle du comité de lecture.

La commission attache beaucoup de prix à cette réforme et croit fermement que l'usage ne tardera pas à en démontrer l'efficacité.

Le mandat donné à la commission ne s'étendait pas d'une manière formelle au théâtre de l'Odéon. Elle a été cependant amenée à s'en occuper par la logique des choses et par son désir de mieux s'associer aux intentions de Votre Excellence.

La situation de l'Odéon diffère essentiellement, au point de vue administratif et commercial, de

celle de la Comédie-Française. En dehors de la
subvention qu'il reçoit de l'Etat, le directeur de ce
théâtre est soumis à toutes les chances de l'industrie privée, et exploite, à ses risques et périls, une
entreprise dont il est seul responsable. Il est donc
juste que sa liberté d'action ne soit entravée par
aucune ingérence étrangère de nature à compro-
mettre ses intérêts.

En vain, aux termes du cahier des charges accepté par le directeur de l'Odéon, l'administration
supérieure a conservé le droit de soumettre, quand
elle le jugerait convenable, l'examen des ouvrages
destinés à ce théâtre, au régime qui lui paraîtrait
le plus avantageux; en vain, le directeur lui-
même a écrit spontanément à Votre Excellence
pour lui déclarer qu'il verrait sans déplaisir qu'un
comité de lecture fût appelé à l'aider de ses lumières; la commission, monsieur le ministre,
n'a pas eu un moment la pensée de vous propo-
ser qu'un comité, ayant la même autorité que
celui qui existe au Théâtre-Français, fût institué au
théâtre de l'Odéon. On ne se trouve pas à l'Odéon,
comme au Théâtre-Français, en présence d'une
propriété collective et d'une société commerciale; quant à former le comité avec des éléments
étrangers à l'exploitation et choisis dans les dif-

férentes branches de la littérature ou de la critique dramatique, la commission n'aurait pu s'y arrêter sans se mettre en contradiction avec elle-même, puisqu'elle eût ainsi approuvé pour l'un, le système qu'elle avait cru devoir repousser pour l'autre.

Le soin de recevoir lui-même ses pièces, sous sa seule responsabilité, étant toujours laissé au directeur de l'Odéon, la commission a été d'avis d'étendre à ce théâtre la mesure indiquée par elle pour la Comédie-Française, en ce qui concerne l'examen préalable, examen qui, là surtout, dans un établissement spécialement consacré par l'Etat aux débuts littéraires, veut être fait à la fois avec la plus scrupuleuse justice et avec la sympathie bienveillante due aux œuvres de la jeunesse.

La commission propose donc que les personnes chargées par le directeur de l'Odéon de prendre, avant lui, connaissance des manuscrits, soient appelées à rendre compte de leur travail et à faire lecture de leurs rapports devant un *comité d'examen* composé de quatre personnes nommées par le ministre et présidé par le directeur. La mission de ce comité se bornerait à statuer sur les rapports des premiers lecteurs, et, sans avoir le droit d'admettre jamais de lui-même aucun ouvrage à la représentation, il écarterait ceux qui, d'un commun accord, seraient considérés comme devant être mis hors de cause, et réserverait au contraire, pour être jugées définitivement par le directeur, les pièces qui, à cette épreuve préparatoire, auraient paru dignes de fixer son attention.

La commission propose enfin pour l'Odéon, comme pour le Théâtre-Français, qu'il soit tenu registre de toutes les pièces déposées ; que le rapport sur chacune d'elles, devant les comités, ait lieu dans le délai d'un mois, et qu'une décision définitive soit toujours prise à leur égard six semaines au plus après la date de leur dépôt.

Telles sont, en résumé, monsieur le ministre, les mesures auxquelles la commission a cru devoir s'arrêter, les considérant comme justes, suffisantes et efficaces. Elle les soumet avec confiance à votre haute appréciation.

Paris, le 17 avril 1869.

ARRÊTÉ

CONCERNANT

LA COMÉDIE-FRANÇAISE

Au nom de l'Empereur:

Le maréchal de France, ministre de la Maison de l'Empereur et des Beaux-Arts,

Vu les décrets en date du 15 octobre 1812 et du 27 avril 1850, relatifs au Théâtre-Français;

Vu l'arrêté du 26 décembre 1868, qui institue une commission à l'effet de rechercher si les systèmes adoptés au Théâtre-Français, pour l'examen préalable des pièces et leur jugement définitif, pourraient être améliorés;

Vu le rapport de cette commission en date du 17 avril présent mois;

Sur la proposition du directeur général de l'administration des théâtres;

ARRÊTE :

Comité de lecture.

Article 1er.

A l'avenir, le comité de lecture du Théâtre-Français sera composé :

1º De l'administrateur général du Théâtre-Français, président;

2º Des six membres titulaires du comité d'administration.

La présence de cinq membres, y compris le président, suffira pour qu'une décision soit régulièrement prise.

Article 2.

Dans le cas où l'auteur le demanderait formellement, tous les autres sociétaires-hommes pourraient être adjoints au comité de lecture, formé comme il est dit dans l'article 1er ci-dessus, pour participer au jugement de sa pièce avec voix délibérative.

Article 3.

Toute pièce qui, n'ayant pas été reçue à une première lecture, aurait été remise à une seconde audition, devra être lue, pour la seconde fois, en présence des membres du comité de lecture et de tous les autres sociétaires-hommes, réunis sous la présidence de l'administrateur général du Théâtre-Français.

Dans ce cas, la présence de sept membres au

moins sera nécessaire pour que la seconde lecture
puisse avoir lieu régulièrement.

Article 4.

Après la lecture, il sera procédé à un tour d'o-
pinions dans lequel chacun des membres présents
sera invité à exprimer son avis.

Le vote aura lieu ensuite nominalement par
bulletins signés et portant l'une des mentions
suivantes : pièce reçue, refusée ou admise à une
seconde lecture.

Le résultat du vote sera relaté au procès-verbal
de chaque séance, en regard du nom des votants.

Article 5.

Examen préalable.

Toutes les pièces présentées au secrétariat du
du Théâtre-Français devront être immédiatement
inscrites sur un registre spécial, avec un numéro
d'ordre constatant le jour de leur dépôt.

Elles seront remises sans retard à des examinateurs chargés d'en prendre connaissance et de
faire sur chacune d'elles un rapport motivé concluant, suivant leur appréciation, à ce que la pièce
soit réservée pour être ultérieurement lue devant

le comité de lecture, ou bien à ce que, sans plus ample examen, elle soit rendue à son auteur.

Tous les rapports seront soumis au comité de lecture formé comme il est dit en l'article 1er et à qui seul il appartiendra d'en accepter ou d'en rejeter les conclusions.

Le résultat de cet examen préalable devra toujours être notifié à l'auteur un mois au plus après le dépôt de sa pièce.

Article 6.

Le directeur général de l'administration des Théâtres et l'administrateur général du Théâtre-Français sont chargés, chacun en ce qui le concerne, de l'exécution du présent arrêté, qui sera déposé au secrétariat général et notifié à qui de droit.

Paris, le 22 avril 1869.

Signé : VAILLANT.

Pour copie conforme :

Le directeur général de l'administration des théâtres,

Camille Doucet.

ARRÊTÉ

CONCERNANT

LE THÉATRE IMPÉRIAL DE L'ODÉON

———

Au nom de l'Empereur.

Le maréchal de France, ministre de la Maison de l'Empereur et des Beaux-Arts.

Vu le cahier des charges du directeur du théâtre impérial de l'Odéon en date du 30 mai 1866 ;

Vu le rapport de la commission instituée par arrêté ministériel du 2 décembre 1868, à l'effet de rechercher quelles améliorations pourraient être introduites dans les systèmes adoptés au Théâtre-Français et à l'Odéon pour l'examen préalable des pièces et leur jugement définitif ;

Considérant que s'il est juste de laisser au directeur de l'Odéon le soin de recevoir lui-même les pièces qu'il doit faire représenter à ses risques et périls, il importe d'un autre côté de donner aux auteurs les plus sérieuses garanties et d'assurer notamment à leurs ouvrages un examen aussi éclairé et aussi prompt que possible.

Sur la proposition du directeur général de l'administration des théâtres,

ARRÊTE :

Article premier.

Toutes les pièces présentées au théâtre de l'Odéon devront être immédiatement inscrites sur un registre spécial avec un numéro d'ordre constatant le jour de leur dépôt.

Elles seront remises sans retard à des examinateurs chargés d'en prendre connaissance et de faire sur chacune d'elles un rapport motivé concluant, suivant leur appréciation, à ce que la pièce soit réservée pour être lue par le directeur, ou bien à ce que, sans plus ample examen, elle soit rendue y son auteur.

Article 2.

Un comité spécial, dit *Comité d'examen*, est institué à l'effet d'entendre les rapports des examinateurs et il n'appartiendra qu'à lui seul d'en accepter ou d'en rejeter les conclusions.

Ce comité d'examen sera composé de quatre personnes nommées par le ministre, qui se réuniront sous la présidence du directeur de l'Odéon.

Article 3.

Le rapports devront être lus devant le comité
d'examen au plus tard dans le délai d'un mois et
la décision définitive du directeur devra toujours
être notifiée à l'auteur six semaines au plus après
le dépôt de son ouvrage.

Article 4.

A chaque séance, le directeur devra donner
connaissance au comité d'examen des décisions
qu'il aurait prises, depuis la dernière réunion, à
l'égard des pièces réservées.

Article 5.

Le directeur général de l'administration des
théâtres est chargé de l'exécution du présent arrêté qui sera déposé au secrétariat général et notifié à qui de droit.

Paris, le 22 avril 1869.

Signé : VAILLANT.

Pour copie conforme :

Le directeur général de l'administration des théâtres,

Camille Doucet.

Typographie A. Chaix et Cie, 31, quai Voltaire.

www.ingramcontent.com/pod-product-compliance
Lightning Source LLC
Chambersburg PA
CBHW051355050726
47595CB00006B/2570